Enno Heinrich Budde

Die Beweise für das Dasein Gottes

Enno Heinrich Budde

Die Beweise für das Dasein Gottes

ISBN/EAN: 9783744609340

Hergestellt in Europa, USA, Kanada, Australien, Japan

Cover: Foto © Lupo / pixelio.de

Weitere Bücher finden Sie auf **www.hansebooks.com**

Die

Beweise für das Dasein Gottes

von

Anselm von Canterbury bis zu Renatus Descartes.

Inaugural-Dissertation

zur

Erlangung der Doctorwürde

der

hohen philosophischen Fakultät

der

Kgl. bayr. Friedrich-Alexanders-Universität Erlangen

vorgelegt von

Enno Budde
aus Asel.

Tag der mündlichen Prüfung: 25. Oktober 1898.

Erlangen, 1898.
Druck der Universitäts-Buchdruckerei von E. Th. Jacob.

Seinem hochbetagten, geliebten Vater,

dem

Pastor Budde in Eggelingen,

in

Dankbarkeit und Verehrung

gewidmet.

Inhaltsangabe.

I. Voraussetzung und Zweck der Beweise für das Dasein Gottes.

1) Voraussetzung und Zweck bei Anselm.

Die Kirchenlehre ist dem Anselm unbedingt feststehende Wahrheit. Er will die Kirchenlehre rationell begründen: non quaero intelligere, ut credam, sed credo, ut intelligam. Anselm würde die Kirchenlehre nicht verworfen haben, wenn er zu der Ueberzeugung gekommen wäre, dass seine spekulativen Beweise für das Dasein Gottes misslungen wären.

Anfangs trug das proslogium den Titel: fides quaerens intellectum. Die fides hätte Anselm nicht aufgegeben, wenn deren Suchen auch vergeblich gewesen wäre. Denn Anselm war schon im Besitz der Wahrheit bei Beginn seiner Spekulation. Das christliche Glaubensinteresse ist die Richtschnur seines Philosophirens. Es sind zwei verschiedene Fragen: Widerspricht die Kirchenlehre der menschlichen Vernunft? und: Kann die Kirchenlehre mit Gründen der Vernunft bewiesen werden? Jene Frage darf Anselm nicht stellen; diese sucht er zu beantworten und glaubt sie bejahen zu dürfen. Anselms Voraussetzung war die Wahrheit der Kirchenlehre; sein Zweck war die rationelle Begründung der Kirchenlehre.

2) Voraussetzung und Zweck bei Descartes.

Descartes hat zwar nicht die Absicht, sich in Gegensatz zur Kirchenlehre zu setzen; aber er geht nicht wie Anselm von einem in der Kirchenlehre gegebenen Wahrheitsbesitze aus, vielmehr ist der völlige Mangel alles Wahrheits-Besitzes sein Ausgangspunkt. Er würde, falls er seinen Beweis für das Dasein Gottes als misslungen erkannt hätte, innerlich gewiss die Kirchenlehre verworfen haben, wenngleich er, um dem Geschick eines Bruno zu entgehen, in diesem Fall

1

seinen Gegensatz zur Kirchenlehre wohl verschleiert hätte.
In der Widmung seiner Meditationen an die Doktoren der
Sorbonne bezeugt Descartes zwar seine Uebereinstimmung
mit der Kirchenlehre und sucht die Berechtigung, das Dasein Gottes mit Gründen der Vernunft zu beweisen, aus der
Bibel durch Hinweis auf Römer Cap. I darzuthun, behauptet
sogar, er habe seine Meditationen verfasst, um die Kirchenlehre zu stützen. Hiermit scheint auch der Umstand in
Einklang zu stehen, dass er sein strengphilosophisches Werk
der orthodox-katholischen Pariser Fakultät widmet und deren
Kritik unterstellt.

Kirchmann[1]) meint, dass Descartes es mit den Worten seiner Widmung redlich gemeint habe und der Ueberzeugung gewesen sei, christliche Religion und seine Philosophie vertrügen sich gegenseitig. Ich bin anderer Meinung
und verweise auf die charakteristischen Auslassungen des
Descartes in seinem Tischgespräch mit dem zwanzigjährigen
Studenten Burmann[2]).

Descartes erwidert hier auf den Einwand, dass seine
Lehre von der Willensfreiheit mit der Kirchenlehre von den
Sünden und ihren Folgen in Widerspruch stehe, — ob durch
den Sündenfall unser Wille dem Verderben anheimgefallen
sei, möchten die Theologen entscheiden und des Näheren
auseinandersetzen; er denke als Philosoph und betrachte als
solcher den Menschen, wie sich derselbe naturgemäss ver-
halte; er habe als Philosoph geschrieben und seine Lehre
verfasst, die von keiner Religion beherrscht werde, keiner
zum Anstoss gereiche und darum überall Aufnahme finden
könne, selbst bei den Türken. Es ist nicht zu leugnen,
dass Anselm solcher freimütigen Worte nicht fähig gewesen

---

1) Kirchmann, Med. Uebers. S. 9.

2) Charles Adam wird in einer neuen Gesamtausgabe der
Cartesianischen Werke, wie K. Fischer berichtet, das bislang un-
bekannt gewesene Manuscript demnächst veröffentlichen. Kuno
Fischer gibt kurz den Inhalt jenes interessanten, von Burmann
aufgezeichneten Zwiegesprächs bekannt. K. Fischer, Descartes
S. 415 ff.

wäre; er würde in solchen Worten eine Gotteslästerung gefunden haben. Auch ist gewiss K. Fischers Zweifel berechtigt, ob Descartes diese Worte in seine Meditationen
einzureihen gewagt und diese den Doktoren der Sorbonne
gewidmet haben würde. Hätte Kirchmann das Tischgespräch des Descartes mit Burmann gekannt, so hätte er
sicherlich eine gewisse Unredlichkeit des Philosophen gegenüber der Sorbonne zugegeben.

Treffend sagt Bossuet: „M. Descartes ar toujours
craint d'être noté par l'Église et on lui voit prendre sur
cela des précautions qui allaient jusqu'à l'excès.“

Aber wer wollte deshalb einen Stein auf Descartes wer-
fen, der in einer Zeit lebte, da die machthabende Kirche
noch glaubte, durch Autodafes die Wahrheit erhärten oder
ihr wenigstens zum Siege verhelfen zu können? Schopenhauer würde in dieser Unredlichkeit des Descartes nur
eine berechtigte Notwehr gesehen haben (cf. Schopenhauers Preisschrift über die Grundlagen der Moral).

Eben so milde muss es auch beurteilt werden, wenn
Descartes mit Rücksicht auf die Kirche sein grösseres kos-
mologisches Werk zu veröffentlichen Bedenken getragen hat.
Im Jahre 1634 hatte er ein Werk unter dem Titel „le
monde“ vollendet, in welchem seine kosmologischen Ansichten niedergelegt waren. Er hatte seinem Freunde Mersenne
die Veröffentlichung dieses Werkes versprochen; doch löste
er dies Versprechen nicht ein, nachdem er das Schicksal
Galileis, mit dessen Anschauungen sich die seinigen im wesentlichen deckten, erfahren hatte.

So war Descartes' äusserliches Verhalten gegenüber der
Kirche nicht im Einklang mit seiner innerlichen Stellung
zur Kirchenlehre.

Descartes' Ausgangspunkt war der Mangel jeglichen
Wahrheitsbesitzes; seine Absicht war, die Wahrheit zu finden.

War das christliche Glaubensinteresse die Richtschnur
bei Anselm, so ist das Licht der Vernunft, das klare deutliche Denken, die Richtschnur bei Descartes.

II. Die Beweise für das Dasein Gottes.

1) Die Beweise bei Anselm.

a. Die philosophischen Grundlagen bei Anselm.

Anselm wird für den Begründer der Scholastik gehalten. Es war der Grundfehler der Scholastik, dass sie keine reinliche Scheidung vollzog zwischen vernunftmässiger Erforschung der Wahrheit und systematischer Verarbeitung der Offenbarungsthatsachen. Die Scholastik brachte es wegen der unnatürlichen Verbindung von Philosophie und Theologie nicht zu einer wissenschaftlichen Erkenntnistheorie, und deshalb gelangte die Philosophie einerseits nicht zu überzeugenden Beweisen für die in ihrem Gebiete liegenden Wahrheiten, und die Theologie andrerseits drängte die Philosophie in eine ihrer unwürdige Magdstellung, ja lud vielfach das odium der Ausübung einer Gewissensknechtung auf sich. Es war eine traurige Verkennung des wahren Christentums, wenn die Kirche Jahrhunderte hindurch glaubte, christlichen Glauben gewaltsam aufoktroyieren zu dürfen, und Vernunftwahrheiten, wenn sie im Gegensatz zu Offenbarungs-Thatsachen zu stehen schienen, für Ausgeburten der Finsternis zu halten. Wer so das apostolische Wort versteht, dass das Wort vom Kreuz den Juden ein Aergernis und den Griechen, d. i. den Philosophen eine Thorheit ist, der hat den Kern des Christentums noch nicht erfasst. Wenn Paulus das Wort vom Kreuz für die Philosophen eine Thorheit nennt und am andern Orte sagt, dass der natürliche Mensch nichts vom Geiste Gottes vernimmt, so will er damit nur alles Transcendente aus dem Erkenntnisgebiete der menschlichen theoretischen Vernunft ausschliessen, und die Paulinische Auffassung von dem Verhältnis der Theologie zur Philosophie lässt sich recht wohl vereinigen mit der Kantschen Unterscheidung zwischen theoretischer und praktischer Vernunft.

Es fehlte bei der unnatürlichen Vermengung von Theologie und Philosophie der Scholastik die Voraussetzungslosigkeit und die Unbefangenheit, diese beiden unerlässlichen Bedingungen aller erspriesslichen Wahrheitsforschung, und auch Anselms Philosophie ist getrübt durch den Mangel der Voraussetzungslosigkeit und Unbefangenheit.

Schon Augustin hatte versucht, eine rationelle Erklärung des Trinitätsdogmas zu geben; er hatte das Sichwissen, Sichverstehen und Sichwollen als die Natur des vernünftigen Wesens aufgefasst und nach Analogie dieser Dreiheit das Wesen der göttlichen Trinität anschaulich zu machen gesucht. Aber weil Augustin sich nur die Aufgabe stellte, das göttliche Wesen durch Hinweis auf die Analogie im menschlichen vernünftigen Wesen zu erklären, weil bei ihm das Rationelle gewissermassen nur von aussen um das Dogma spielt, das Wesen Gottes bei ihm somit nicht im reinen Begriff verschwindet, nicht als begriffliches Produkt der reinen Denkthätigkeit erscheint, deshalb ist man nicht befugt, bei Augustin von rationellen Beweisen für das Dasein Gottes zu reden. Man wird es dem Anselm nicht abstreiten können, dass er zuerst von einer rationellen Erklärung des göttlichen Wesens zu dem Versuch eines rationellen Beweises für das Dasein Gottes übergegangen ist. Glaubte doch die Scholastik, im Anschluss an Anselm, namentlich in ihrer Blütezeit, das ganze Dogma, welches den Gläubigen durch Offenbarung gegeben war, begrifflich, spekulativ aus reiner Denkthätigkeit hervorbringen zu können, und Anselm setzte zu diesem Zwecke bei den Beweisen für das Dasein Gottes ein.

Für eine richtige Beurteilung der ersten scholastischen Periode, und somit auch der Argumentation des Anselm ist im Auge zu behalten, dass der „christliche" Plato damals in der Kirche bekannt war und hochgeehrt wurde, während die Bekanntschaft mit Aristoteles von einem Teil seiner

logischen Werke abgesehen, und sein Einfluss auf die Scho-
lostik hauptsächlich erst in der zweiten Periode beginnt.
Wir werden in den Beweisen des Anselm daher auch den
Grundgedanken des Platonischen Realismus finden. Universalia sunt realia sive ante rem. Die allgemeinen Ideen
haben Realität, ohne dieselbe erst in den Dingen finden zu
müssen. Man könnte den von Anselm spekulativ gefundenen
Gott mit der Platonischen Idee des Guten vergleichen, wobei jedoch zu beachten bleibt, dass diese Platonische höchste
Idee die Persönlichkeit nicht in sich befasst.

Haben wir nun in der Vermengung von Theologie und
Philosophie einen die Argumentation des Anselm trübenden
Mangel gefunden, so soll doch nicht geleugnet werden, dass
die Lehre Anselms gegenüber der Erkenntnis der Kirchen-
väter und der ihm vorangegangenen Theologie etwas Neues,
einen Fortschritt enthält. Es ist ein Fortschritt, dass Anselm sich nicht begnügt, das Dasein Gottes aus empirischen
Voraussetzungen (Offenbarung) zu folgern, sondern dass er
aus dem reinen Denken seinen Gott zu erkennen und dessen Realität zu beweisen sucht. Das Tertullianische credo
quia absurdum ist ihm nur ein Zeichen menschlicher Be-
quemlickeit, die sich der Mühe ernster Wahrheitsforschung
überheben möchte. Anselm hat in dieser Bequemlichkeit
eine Entwürdigung des denkenden Menschen erblickt, und
daher soll ihm sein credo ut intelligam, so kritisch wir in
unserer Zeit dasselbe auch beurteilen, als ein grosses Verdienst um die Wissenschaft, der Philosophie sowohl als auch
der Theologie angerechnet werden. Anselm hat durch dieses
Prinzip, wenn auch unbeabsichtigt, die Befreiung der Philosophie aus der Knechtschaft der Theologie, des Wissens aus
der Umarmung des Glaubens angebahnt.

Ich begnüge mich mit diesen Andeutungen; eine ausführliche Darlegung der scholastischen Prinzipien, auf die
Anselm sich stützt, gehört nicht in den Rahmen der vor-
liegenden Arbeit, sondern in eine Geschichte der mittelalter-
lichen Philosophie.

b. Die kosmologischen Beweise.

Anselm stellt Erfahrung und Glauben in Parallele. Wir erfahren sinnlich das Dasein der Welt, und auf Grund dieses Erfahrungs-Wissens kann die Vernunft das Wesen und die Ursachen der Welt erkennen. Der Erfahrung in natürlichen Dingen steht der Glaube in göttlichen Dingen zur Seite. Die Kirchenlehre ist im Glauben gegeben. Doch vom Glauben kann man zum vernunftmässigen Erkennen kommen; ja es ist Pflicht des Gläubigen, vom Glauben zum Erkennen der göttlichen Dinge fortzuschreiten. Aber — und hierin sehe ich den „primus error" der Anselmschen Anschauung — bei dem vernunftmässigen Erkennen der göttlichen Dinge kann sich der Gläubige ebenso verhalten wie der Ungläubige, denn dem Denken steht die Macht zu, die gegebenen Offenbarungsthatsachen aus eigener Erkenntniskraft heraus hervorzubringen, m. a W. Anselm will die Offenbarungsthatsachen als denknotwendig erweisen. Seine Beweise für das Dasein Gottes sollen die Probe auf diesen spekulativen Standpunkt geben.

α. summum bonum.

In der Welt sind viele Güter, die von den Menschen erstrebt werden. Aber alle diese Güter sind für uns nur relativ gut und haben ihren Massstab an einem absolut Guten; sie sind nicht an und für sich gut, sondern nur in Beziehung zu jenem absoluten Gut. Das absolut Gute aber hat keinen Massstab ausser sich, es ist per se ipsum bonum. Dieses absolut Gute hat mithin eine selbständige, von den andern Gütern getrennte Existenz, und dieses absolut Gute in seiner Sonderung von allen andern Gütern ist Gott [1]).

β. summe magnum.

Es gibt viele magna in der Welt. Diese magna sind nicht körperlich nach ihrer Ausdehnung zu fassen, sondern sittlich, nach ihrer Würde, magnum intelligo, non spatio, ut

---

[1]) Monologium Cap. I.

est corpus, sed sapientia, quod melius et dignius est. Aber auch diese magna sind nur relativ gross nach dem Massstab eines absolut Grossen, welches per se ipsum magnum est. Dieses summe magnum ist zugleich das summum bonum, somit ein maximum und optimum, und dies nennt Anselm Gott. [1])

γ. summum omnium, quae sunt.

Im dritten Kapitel des Monologiums [2]) abstrahirt Anselm von der Güte und sittlichen Grösse der Dinge und fasst ganz allgemein die Existenz der natürlichen Dinge ins Auge. Nicht nur lassen sich alle bona auf ein summum bonum und alle magna auf ein summe magnum zurückführen, sondern auch alles, was ist, lässt sich zurückführen auf ein Wesen, durch welches es ist. Alles Seiende ist die Wirkung einer Ursache; das, wodurch alles andere hervorgebracht ist, kann nicht wieder durch etwas anderes hervorgebracht sein, sondern hat seine Ursache in sich, ist ein notwendig durch sich seiendes Wesen, ist Grund alles Seiens und aller Vollkommenheit. Entweder gibt es ein solches Wesen oder mehrere. Mehrere solcher Wesen sind deshalb unmöglich, weil diese in Beziehung zu einander treten, sich so gegenseitig beschränken und damit der schlechtsinnigen Vollkommenheit und Unabhängigkeit entbehren würden. Es gibt daher nur ein Wesen, das absolut per se ipsum ist. Dieses eine Wesen, mag man es nun essentia oder substantia oder natura nennen, ist 1. optimum, 2. maximum, 3. summum omnium, quae sunt. Dieses Wesen ist Gott.

δ. una natura omnibus caeteris supereminens.

Die Dinge in der Welt sind verschieden an Werth (dignitate), eines ist dem andern untergeordnet; es gibt aber ein Wesen, das keinem andern untergeordnet ist. Eine in infinitum gehende Reihe der einander untergeordneten Dinge kann man nicht denken. Auch gibt es nicht mehrere gleiche Naturen, die keiner höheren untergeordnet sind. Gäbe es

---

[1]) Monol. II. [2]) Monol. III S. 7.

mehrerer solcher gleicher Naturen, so könnten sie doch nur durch ein Wesen sein, welches dann das höchste wäre. Und wären jene, keinem andern untergeordneten mehreren Wesen sich völlig gleich, so würde zuletzt die Vielheit verschwinden. Es gibt also eine Natur oder Substanz oder ein Wesen, welches durch sich gut und gross und existierend ist, und durch welches alles Gute, Grosse und Existierende ist.[1]) — Dieses sind die kosmologischen Beweise des Anselm für das Dasein Gottes. Das Relative ist ihm durch Erfahrung gegeben, und begrifflich steigt er von dem Relativen zum Absoluten auf. Wir finden in diesen Beweisen den platonisch-scholastischen Realismus in krassester Form. Mit der Voraussetzung, dass die allgemeinen Ideen eine von den Einzeldingen abgesonderte Existenz haben, fallen alle diese Beweise des Anselm dahin.

ε. Der ontologische Beweis.

Aus dem prooemium zum Proslogium [2]) geht hervor, dass dem Anselm der kosmologische Beweis für das Dasein Gottes, welchen er im Monologium gegeben, nicht genügte. In der Bezugnahme auf die Welt, auf das Relative sah er eine Schwäche seines Beweises. Er strebte unter heissem Gebete darnach, des Daseins Gottes sich zu vergewissern, auch wenn er von der geschaffenen Welt abstrahiere. Nach langem Ringen glaubte er zu diesem Ziele gekommen zu sein, in seinem ontologischen Beweise, der im Proslogium in Gebetsform niedergeschrieben wurde, glaubte er, die Schwäche des kosmologischen Beweises vermieden zu haben.

Jeder Mensch, welcher den Begriff „Gott" denkt, versteht [3]) unter Gott ein höchstes Wesen, über das hinaus nichts grösseres gedacht werden kann (quo maius cogitari non potest). Jeder Mensch kann, ohne auf die geschaffenen Dinge zu reflektieren, den Begriff des höchsten Wesens in sich hervorbringen. Anselm setzt hierbei selber den Einwand voraus, dass, wenn man das Höchste denke, doch die

Existenz dieses gedachten Höchsten damit nicht gegeben sei.
Diesen Einwand widerlegt Anselm folgendermassen: Denken
wir ein Höchstes, das nicht notwendig Existenz hat, so ist
dies noch nicht das denkbar Höchste. Höher als dieses
nicht notwendig Existenz habende Höchste ist das Höchste,
welches notwendig Existenz hat. Daher muss, wer das
absolut Höchste denkt, dasselbe als ein wirkliches fassen,
sonst ist es nicht das Höchste, was er denken kann. Oder
in anderer Wendung: Du magst sonst den objektiven Gottesgedanken nicht haben oder ihn als berechtigt oder als Real-
begriff ablehnen, es gab und gibt ja Atheisten; aber du
brauchst diesen Begriff, wenn du mit mir, dem Theisten, über
Gott disputierst, denn für mich und alle Theisten ist Gott
das quo maius cogitari nequit. Nun aber hast du auch ganz
sicher, ob du willst oder nicht, das gleiche objektive quo
maius neque tu cogitari potes, sobald du überhaupt bei der
Sache bist und bleibst.[1])

Ja, Anselm behauptet sogar, die Nichtexistenz Gottes
könne garnicht gedacht werden; denn, wenn ich die Nichtexistenz Gottes denken wollte, so ist ja dieser Gott, dessen
Nichtexistenz ich denke, nicht aliquid quo maius cogitari
nequit.[2]) Wo der Begriff Gottes in einem Menschen vorhanden ist, da ist mithin notwendigerweise auch die reale
Existenz Gottes mitgesetzt.

Doch Anselm begnügt sich nicht, das Dasein Gottes zu
beweisen; er macht sich auch anheischig, das Wesen Gottes,
der Kirchenlehre entsprechend, spekulativ näher zu bestim-
men. Allerdings bekennt Anselm hierbei eine Schranke der
spekulativen Erkenntnis, insofern das Unzureichende der
menschlichen Rede nicht im Stande ist, das göttliche Wesen
adäquat auszudrücken. Keine von endlichen Dingen her-
genommene Bestimmung kann das göttliche Wesen entsprechend bezeichnen; doch ist eine solche Anwendung der
von den endlichen Dingen hergenommenen Bestimmungen auf
Gott nicht unzulässig oder falsch, wenn man nur nicht ver-

1) Prosl. IV. 2) Prosl. III S. 110.

gisst, dass so das göttliche Wesen eben nicht adäquat, sondern
nur ännähernd bezeichnet wird.[1])
Alles, was in den geschaffenen Dingen wesenhaft und
gut ist, muss in vollkommener Weise in Gott, den Schöpfer
aller Dinge, hineingelegt werden. In beschränktem Masse
finden wir in der geschaffenen Welt Güte, Gerechtigkeit,
Leben, Weisheit etc. Daher muss dem göttlichen Wesen,
quo maius cogitari non potest, eine vollkommene Güte, Gerechtigkeit, Leben, Weisheit etc. beigelegt werden. Aber
wird nicht durch diese verschiedenen göttlichen Eigenschaften
die Einheit des göttlichen Wesens aufgehoben? Anselm hat
sich selber diesen Einwand gemacht und widerlegt ihn durch
folgende Darlegung: Im Menschen sind die verschiedenen
Eigenschaften zwar verschiedene Seiten seines Wesens, der
Mensch ist nach seiner Gerechtigkeit anders als nach seiner
Güte oder Weisheit, aber in Gott findet eine solche Ver-
schiedenheit nicht statt, sein Leben ist gleich seiner Güte,
seine Weisheit gleich seiner Gerechtigkeit. Der Inhalt einer
göttlichen Eigenschaft ist zugleich der Inhalt aller andern
Eigenschaften. Jede Eigenschaft bezeichnet sein ganzes gött-
liches Wesen, und dieses Wesen ist einfache Einheit.[2])
Dieses einfache Wesen ist nach Anselm Substanz zu
nennen. In den geschaffenen Dingen ist ihm das Beharr-
liche jeder Sache Substanz; da Gott das absolut Wirkliche
und Unveränderliche ist, so ist Gottes Wesen nur Substanz.
In der Welt gibt es zwei Arten von Substanzen: Körper
und Geist. Letzterer ist die höhere Substanz; darum
zwingt uns die Vernunft, Gott als geistige Substanz zu
fassen.
Die endlichen Dinge sind der Veränderlichkeit unter-
worfen, die Substanzen sind mit Accidentien verbunden.
Von Gott ist jede Unveränderlichkeit auszuschliessen.
Die endlichen Dinge sind in Raum und Zeit; die Bestimmungen des Raums und der Zeit sind Beschränkungen
der sinnlichen Dinge; Gott ist ohne jede Beschränkung, daher

---

1) Prosl. 4. 2) Prosl. VI, XIX u. XX.

muss jede räumliche und zeitliche Vorstellung von ihm fern-
gehalten werde. Von Gott kann man nicht sagen: Hier oder
da ist er —, sondern. weil er der Grund alles Seienden
ist, so ist er überall, ohne doch irgendwo zu sein; er ist in
allen Räumen und zu allen Zeiten auf raumlose und zeit-
lose Weise.[1]) Diese näheren Bestimmungen des göttlichen Wesens,
welche Anselm im Proslogium seinem eigentlichen ontologischen Beweise folgen lässt, habe ich deshalb kurz aufge-
führt, weil dieselben auf der Definition Gottes als quo mains
cogitari non potest beruhen. Doch ist nicht zu verkennen,
dass in diesen näheren Bestimmungen des göttlichen Wesens
das kosmologische Prinzip mit dem ontologischen verbunden ist.

d. Die Angriffe der Zeitgenossen des Anselm.

Anselms Theorie rief alsbald nach ihrem Bekanntwerden
mannigfachen Widerspruch hervor. Der bedeutendste Gegner
Anselms war Roseelinus, Kanonikus von Compiegne. Im
einzelnen verfolge ich hier nicht weiter den Streit des
Roscelinus mit Anselm, weil es sich bei diesem Streit in
wesentlichen um den Gegensatz von Realismus und ursprüng-
lichem Nominalismus handelt, die Beweise für das Dasein
Gottes aber in den Hintergrund treten.

Anselm hat in seiner Schrift de fide trinitatis et de
incarnatione verbi contra blasphemias Roscelini die zum
Tritheismus führende Verkehrtheit des Roscelin nachgewiesen
und den Realismus, und damit die kirchliche Trinitätslehre
vertheidigt.

Zu den späteren zeitgenössischen Gegnern Anselms ist
auch Abaelard zu rechnen. Dieser wandte sich auch nicht
in erster Linie gegen die Anselmschen Beweise für das
Dasein Gottes, sondern bekämpft gleichfalls den von Anselm
begründeten und von dessen Anhänger Wilhelm von Champeau
ins Extrem getriebenen Realismus. Wilhelm von Champeau

1) Prosl. Cap. XIX u. XX.

ging sogar soweit, die universalia als das allein wahrhaft
Reale, die Einzelwesen dagegen nur als vorübergehende Er-
scheinungen des Allgemeinen gelten zu lassen. Die Stellung
Anselms zu Abaelard gehört deshalb auch nicht in eine Arbeit über die Beweise für das Dasein Gottes, sondern vielmehr in eine geschichtliche Darstellung der Scholastik.

Der einzige Gegner, welcher besonders die Anselmschen
Beweise für das Dasein Gottes angriff, ohne übrigens eine
persönliche gehässige Stellung zu Anselm einzunehmen, war
der Mönch Gaunilo von Marmontiers, der, dem aristota-
lischen Realismus huldigend, in seinem Liber pro insipiente
scharfsinnig die Mängel des Anselmschen Beweises aufdeckte.
Anselm replicierte in seinem Apologetieus contra Gaunilonem,
womit der Streit ohne Resultat verlief.

Die Argumentation des Gaunilo muss hier näher ins
Auge gefasst werden: Die Schrift des Gaunilo zerfällt in
8 Kapitel. Im ersten Kapitel gibt Gaunilo eine kurze Darstellung der Anselmschen Argumentation; im zweiten Kapitel
wird darauf aufmerksam gemacht, dass wir in unserm Intellekt auch ganz falsche Vorstellungen haben können, denen
keineswegs eine objektive Realität entspreche. Anselm unter-
scheide selber zwischen bloss begrifflichen Vorstellen und der
Vorstellung vom realen Sein, zwischen in intellectu habere
und intelligere, rem esse. Aber wenn er vom intelligere
rede, so meine er eben das intelligere rem esse. Schliesse
er nun von einem intelligere rem esse auf die reale Existenz
des vorgestellten Dinges, so komme nur eine nichts be-
weisende Tautologie heraus; das, was er beweisen wolle, setze
er vom Anfang an voraus. Anselm habe daher kein Recht
zu behaupten, dass die Vorstellung Gottes im Intellekt anders
enthalten sei, als die Vorstellungen anderer Dinge; und
wenn er darauf hingewiesen habe, dass die Conception eines
Bildes im Geiste des Künstlers schon die reale Wirklichkeit
des Kunstwerkes verbürge, so müsse doch erst die Wirklichkeit aus der Idee hervorgehen. Aber die Wirklichkeit eines
Gegenstandes, der von dem Denken abgesondert existiert,
könne durch die blosse Idee nicht bewiesen werden. Cap. III

S. 131. — unde nec illud exemplum de pictore, picturam, quam facturus est, iam in intellectu habente, satis potest huic argumento congruere. Illa enim pictura, antequam fiat, in ipsa pictoris arte habetur; et tale quippiam in arte artificis alicuius nihil est aliud quam pars quaedam intelligentiae ipsius; quia et (sicut sanctus Augustinus ait) cum faber arcum facturus in opere, prins habet illam in arte. —

Im Intellekt sei also die Vorstellung Gottes — so macht Gaunilo geltend — ebenso wie die Vorstellungen vieler falschen, nichtexistierenden Dinge. Aber die letzteren hätten gewissermassen noch einen Vorzug vor der Gottesvorstellung, weil man dazu an andern Dingen Analogien habe, bei der Gottesvorstellung dagegen komme uns keine Analogie zu Hülfe. Gaunilo lässt sich hierbei allerdings eine Umbiegung der Anselmschen Definition zu Schulden kommen, indem er statt des quo maius cogitari non potest das einfache maius omnibus setzt. Anselm hat in seiner Replik dem Gaunilo diese Abänderung seiner Definition mit Recht vorgeworfen.

Dieses maius omnibus, sagt Gaunilo, habe keine Analogie irgend welcher Art; man sei bei diesem Begriff nur auf das Wort (tantum secundum vocem) angewiesen, und daher sei es völlig unmöglich, sich ein richtiges Bild von diesem maius omnibus in der Vorstellung zu machen.

Den Haupteinwand gegen Anselm erhebt Gaunilo im fünften Kapitel: Gewiss ist auch dem Gaunilo das nicht das denkbar Höchste, dessen Existenz nicht zugleich mitgedacht wird. Das quo maius cogitari non potest oder, wie Gaunilo sagt, das maius omnibus muss Existenz haben, wenn es das Höchste sein soll. Aber wenn nun das Höchste als existierend vorgestellt werden kann oder auch vorgestellt werden muss, so folgt noch nicht daraus die wirkliche Existenz, abgesondert vom reinen Denken. Zuerst müsse immer das Dasein des Absoluten bewiesen werden, bevor man seine Absolutheit behaupte. prius enim certum mihi necesse est fiat revera esse alicubi maius ipsum, et tum demum ex eo, quod maius est omnibus, in seipso quoque subsistere non erit ambiguum. Kap. V S. 134.

Im sechsten Kapitel zeigt Gaunilo, dass man sich auch die Idee einer schönsten Insel im Ocean machen könne, aber es sei doch absurd, die Realität eines solchen Phantoms zu behaupten, weil man dasselbe sich klar und deutlich vorstellen könne.

Im siebenten Kapitel bestreitet Gaunilo dem Anselm, dass sich die Nichtexistenz Gottes nicht denken lasse, weil man bei dem Denken der Nichtexistenz Gottes den Begriff Gottes seines wesentlichsten Inhalts entleeren würde. Gaunilo behauptet, die Nichtexistenz aller Dinge, selbst der allergewissesten, liesse sich recht wohl denken; er kann sich auch denken, dass er selber nicht existiere, und wenn er seine Nichtexistenz denkt, so ist damit der Begriff seines Ichs in keiner Weise verengert oder entleert. Anselm hat nach Gaunilo nicht unterschieden zwischen begreifen und denken, zwischen intelligere und cogitare. Alles Falsche, mithin auch die Nichtexistenz des Existierenden, lasse sich wohl vorstellen (cogitare), nicht aber begreifen (intelligere).

Offenbar will Gaunilo mit dieser Argumentation uns sagen, dass die Existenz oder Nichtexistenz Gottes nicht von meinem Denken abhängt. Gaunilo bekämpft den Grundirrthum des Platonischen Realismus, nach welchem die allgemeinen Ideen auch abgesondert von den Dingen Realität haben sollen.

Im letzten Kapitel erkennt Gaunilo die Grösse, den Scharfsinn und die Frömmigkeit des Anselm, wie dieselbe aus dem Prologium spricht, an; er hält diese Schrift für sehr werthvoll und lesenswert, und er erklärt seine völlige Uebereinstimmung mit den Resultaten des Anselm; wenn er auch dessen Argumentation angegriffen habe, so sei er doch mit ihm in allen Glaubensfragen einig. (quae in initiis recte quidem sensa, sed minus firmiter argumentata sunt.)

Auf diese Angriffe des Gaunilo hat Anselm erwidert in der Schrift liber apologeticus contra Gaunilonem respondentem pro insipiente. Die Schrift enthält 10 Kapitel und ist ohne Bitterkeit geschrieben. Anselm hat in dieser Erwiderung seiner im Prologium gegebenen Argumentation nichts wesentlich Neues hinzuzufügen gewusst; ich gehe daher auf den Inhalt seiner Apologie nicht näher ein.

Die Beweise bei Thomas von Aquino.

Wir untersuchen jetzt, welche Entwickelung, bezw. Erweiterung die Beweise für das Dasein Gottes bis zum Auftreten des Descartes erfahren haben.

Anselm hat in seinem ontologischen Beweise das anthropologische Princip völlig unberücksichtigt gelassen. Wie die Idee Gottes in unserm Bewusstsein entsteht, hat er nicht erörtert, Erst Descartes ist es gewesen, der etwa 5 Jahrhunderte später das ontologische und anthropologische Moment mit einander verbunden hat. Anselm begnügt sich mit dem Beweis der Realität des vollkommensten Wesens aus unserm Begriff, worin aber nur eine Behauptung, nicht ein Beweis gefunden werden kann. Dass trotzdem dem Anselm nicht jedes Verdienst um die Philosophie abzusprechen ist, habe ich vorher angedeutet. —

Der Streit zwischen Anselm und Gaunilo war resultatlos verlaufen; in dem Kampf zwischen platonischem und aristotelischem Realismus waren die Beweise für das Dasein Gottes in den Hintergrund getreten. Durch Anselm angeregt, hatte sich durch die Victoriner eine kontemplative, durch Abaelard eine spekulative Richtung in der Wissenschaft entwickelt.

Beide Richtungen wollten sich nicht feindlich gegenüber stehen, sondern sich gegenseitig ergänzen.

Durch die Araber namentlich waren auch die physischen und metaphysischen Werke des Aristoteles im Occident bekannt geworden. Thomas von Aquino war es, der einerseits dem kontemplativen Element seine volle Berechtigung zuerkennend, andrerseits auf Aristoteles gestützt, mit dem Versuch einer rationellen, von aller Kontemplation abstrahierenden Erkenntniss Ernst machte, wobei er sich nicht mehr auf die Benützung der aus den logischen Schriften des Aristoteles längst bekannten ontologischen Kategorien beschränkte, sondern auch namentlich auf die 4 Kausalmomente: Materie, Form, Ursache, Zweck, — sowie auch die psychologische Unterscheidung von thätigem und leidendem Verstande zurückging. Aus diesen Voraussetzungen sind die verschiedenen Beweise für das Dasein Gottes bei den Aequinaten hervorgegangen.

a. Die kosmologischen Beweise.

a) Die alles bewegende Ursache.

Wer Gott denkt, denkt damit zugleich die Existenz Gottes; in dem Begriff Gottes ist, wie schon Anselm gezeigt, die Realität Gottes mit enthalten.*)

„Gott ist seiend" ist ein identischer Satz. Der Inhalt des Gottesbegriffs ist uns a priori gegeben. Das allergewisseste ist aber auf Grund des Gottesbegriffs nur, dass Gott ist; aber der reine Begriff, der nur die Realität postuliert, sagt uns nicht, was Gott ist. Was Gott ist, kann uns nur durch seine Wirkungen gezeigt werden. Diese Wirkungen sind uns zwar nicht so gewiss, wie die Realität Gottes, aber sie sind uns bekannter. Aus dem Bekannteren nun will Thomas das minder Bekannte, Gott, erkennen, die gewisse unbekannte Ursache aus der ungewisseren, bekannteren Wirkung. In der Welt finden wir eine Reihe wirkender Ursachen; der Begriff einer Reihe fordert ein Anfangen von dem Ersteren, durch Mittelursachen hiedurch, zum Letzten. Wollte man aber eine Reihe in infinitum annehmen, so gäbe es kein Erstes, kein Mittleres, kein Letztes. Die Kausalitätsreihe muss eine endliche sein; es muss mithin eine erste Ursache geben.

Omne, quod movetur, ab alio movetur. patet autem sensu aliquid moveri, ut puto Solem; aut ergo illud movens movetur aut non: si non movetur, ergo habemus propositum, quod necesse est ponere aliquod movens immobile, et hoc dicimus deum. Si autem movetur, ergo ab alio movente movetur, aut ergo est procedere in infinitum, aut est devenire ad aliquod movens immobile; sed non est procedere in infinitum, ergo necesse est ponere aliquod primum movens immobile, contra gent. I.

---

*) cf. contra: gent. I S 22 ff.

Wir fanden eine ähnliche Argumentation schon bei
Anselm; dass Thomas sich den Einwand einer eventuellen
Kausalitätsreihe in infinitum vergegenwärtigt und diesen
Einwand durch eine willkürliche Fassung der Kausalitäts-
reihe als einer notwendig endlichen entkräften zu können
glaubt, ist kein Fortschritt über Anselm hinaus.

β. Die höchste Vollkommenheit.

Neben der Kausalitätsreihe sieht Thomas im Universum
noch eine andere Reihe: eine Reihe von relativen Vollkommenheiten in den verschiedensten Abstufungen: Wirklichkeit, Leben, Güte, Wahrheit, Gerechtigkeit u. a. m. Nach
dem Thomistischen Begriff der Reihe ist alle Abstufung nach
Graden eine Annäherung an ein letztes Höchstes; die Reali-
täten in der Welt müssen sich der höchsten und absoluten
Realität nähern; die Wahrheiten in der Welt weisen auf die
absolute Wahrheit hin, kurz, alles mehr oder weniger Hohe
auf ein absolut Höchstes.

Auch hier sehen wir Thomas nicht über Anselm hinaus-
kommen.

γ. Die Notwendigkeit Gottes gegenüber der Nichtnotwendig-
keit der Erscheinungswelt.

In einer dritten Modifikation seines Gottesbeweises ver-
wertet Thomas im Anschluss an Aristoteles die Begriffe der
Möglichkeit und Notwendigkeit des Seienden. In der Welt
sind Dinge, deren Notwendigkeit nicht gesetzt ist, Dinge
deren Nichtsein auch möglich ist. Die Dinge, deren Nichtsein auch möglich ist, müssen einmal auch nicht gewesen
sein. Gäbe es aber nur das, dessen Nichtsein auch möglich
ist, so müsste einmal absolut nichts gewesen sein, dann aber
könnte auch jetzt nichts Reales sein. Daher ist es notwendig, ein etwas zu setzen, dessen Nichtsein unmöglich ist,
dessen Realität schlechthin notwendig ist, das seinen Grund
nur in sich hat, Gott.

Es mag immerhin als ein Fortschritt über Anselm hinaus bezeichnet werden, wenn Thomas hier seinen kosmolo-

gischen Beweis durch Verneinung der Notwendigkeit der Erscheinungswelt zu stützen sucht; indes einen neuen Gedanken hat Thomas damit nicht in die Philosophie hineingebracht, er hat nur die aristotelischen Argumente auf seinen christlichen Gottesbegriff angewandt.

b. Der teleologische Beweis.

Wesentlich ist Thomas durch die Heranziehung des teleologischen Princips über Anselm hinausgekommen:

In der Kausalitätsreihe sehen wir eine planmässige, auf einen bestimmten Zweck gerichtete Wirksamkeit, und zwar, — was das Entscheidende ist — auch bei den aller Erkenntniss entbehrenden Körpern, so dass in diesen selbst der Zweck nicht liegen kann, denn Absicht ist nur einem denkenden und erkennenden Wesen beizulegen. omne agens agit propter finem et propter bonum. cf. contra gent. III. S. 287 ff. Es muss daher ausserhalb der Dinge eine transcendente intelligible Kraft geben, welche die Zweckmässigkeit in der bewusstlosen Erscheinungswelt bewirkt. quod caelum movetur ex aliqua intellectuali substantia; corpus igitur caeli non agit ad generationem secundum propriam speciem, sicut agens principale, sed secundum speciem alicuius superioris agentis intellectualis. contra gent. III. 23. S. 257.

Wir untersuchen jetzt noch nach Darstellung der thomistischen Beweise für das Dasein Gottes die aus denselben bei Thomas resultierenden Aussagen über das Wesen Gottes. Wir sahen, dass dem Aquinaten Gott als reale, intelligible, transcendente Welturursache gilt. In dieser Definition liegen mannigfache Keime zur weiteren Entwicklung. Da in Gott Sein und Wesen identisch ist, so ist Gott die absolute Wirklichkeit. Die Dinge waren, bevor sie wirklich wurden, möglich; ihre potentielle Existenz ging der aktuellen voraus. Die Materie wird erst wirklich durch Mitteilung der Form. Die Dinge sind mithin aus Form und Materie zusammengesetzt, sind aus beiden zusammengesetzte Substanzen. Der

Wirklichkeit Gottes aber ging kein potentielles Sein voraus, und es ist daher in ihm auch keine Zusammensetzung von Materie und Form denkbar, er ist einfache Form, unveränderliche Substanz. Vollkommenheit ist Realität; in welchem Grade etwas Realität hat, in dem Grade ist es vollkommen; Gott als die absolute unveränderliche Realität ist das absolut Vollkommene. Das Vollkommene aber wird begehrt, ist ein Gut.[1]) Gut sein und Realität haben ist identisch; Gott als die absolute Realität ist mithin summum bonum, das am meisten zu Begehrende.[2]) Wir sehen hier den Aquinaten wieder lediglich mit aristotelischen Gedanken operieren, die dem Anselm noch unbekannt waren.

Thomas fasste, wie wir sahen, Gott als intelligente Weltursache. Die Intelligenz besteht im Denken und Wollen. intelligere ergo dei est divina essentia. contra gent. I 45 S. 23. vergl. dazu I 47. quod deus porfecte intelligit se ipsum und I 48 S. 54 quod deus primo et per se solum seipsum cognoscit. Gott denkt und will seine Realität; seine Intelligenz ist also sein Sichdenken und Sichwollen. Wenn aber das Reale im Denken ist, so nennen wir es Wahrheit.[3]) Gott als Sichdenken ist mithin absolute Wahrheit. Wenn Gott ferner als das Reale sich will, so setzt er sich durch sein Sichwollen als Zweck alles Wollens, aber er braucht für sich selbst nicht zu streben, sondern für etwas anderes, damit auch etwas anderes an ihm seine Realität habe, an seinem Gut participiere. Gott ist dadurch auch die absolute Güte.[4])

Durch diese Argumentation glaubt anscheinend Thomas zu verhindern, in pantheistischer Weise Gott als Naturursache der Welt zu denken. Gottes Wirken und Schaffen ist

---

1) contra gent. I 28 S. 33 u. I 41 S. 45.

2) contra gent. I 37 S. 43.

3) contra gent. I 60 S. 67. quod deus est veritas.

4) contra gent. I 73. quod voluntas dei sit eins essentia und I 74 quod principale volitum dei est divina essentia. Bd. I 80 quod deus de necessitate vult suum esse et bonitatem.

eine freie That, daher man sagen kann, dass in der Schöpfung
Gottes Güte sich offenbare. Thomas, der sich bei seiner
philosophischen Spekulation, ebenso wie Anselm, von dem
kirchlichen Glaubensinteresse leiten liess, und dem die
Wahrheit der Kirchenlehre unbedingt feststand, konnte und
durfte Gott nicht als immanente, sondern nur als transcendente Weltursache fassen. Wenn auch viele Stücke der
Kirchenlehre nicht mit Gründen der Vernunft bewiesen
werden können, so sind sie nach Thomas deshalb doch nicht
als falsch zu verwerfen. quamvis autem praedicta veritas
fidei christianae humanae rationis capacitatem excedat, haec
tamen, quae ratio naturaliter indita habet, veritati contraria
esse non possunt. contra Gent. I 7. Thomas hat, wie aus
obiger kurz skizzierten Argumentation hervorgeht, eine
theistische Weltanschauung philosophisch begründet und sich
von jeder pantheistischen Regung fernzuhalten gesucht.
Dennoch hat er nicht verhindern können, dass seine Gegner
ihm vorwerfen, seine Theorie führe in ihrer Konsequenz
zum Pantheismus.

Des Aquinaten hauptsächlichstes Verdienst liegt m. E.
darin, dass er Philosophie und Theologie zu scheiden sucht,
wenngleich auch ihm die Philosophie nur dazu dienen soll,
die Kirchenlehre zu stützen. Thomas erklärt ausdrücklich,
dass er den ausserhalb der Kirche stehenden das Dasein
Gottes allein mit Gründen der Vernunft beweisen will. qui
quidam eorum, ut Mahometistae et pagani, non conveniunt
nobiscum in auctoritate scripturae, per quam possiut con-
vinci, sicut contra Indacos disputare possumus per vetus
Testamentum, contra haereticos per novum; hi vero neutrum
recipiunt; unde necesse est ad naturalem rationem recur-
rere, cui omnes assentire coguntur. contra gent. I 2. Im
dritten Kapitel macht Thomas einen Unterschied zwischen
den Aussagen von Gott, welche durch die Vernunft bewiesen,
und denjenigen, welche nur durch Offenbarung begründet
werden können. est autem in his, quae de deo confitemur,
duplex veritatis modus. Quaedam namque vera sunt de deo
quae omnem facultatem humanae rationis excedunt, ut esse

trinum et unum. Quaedam vero sunt, ad quae etiam ratio naturalis pertingere potest, sicut est deum esse, deum esse unum, et alia eiusmodi, quae etiam philosophi demonstrative de deo probaverunt ducti naturalis lumine rationis.

Es leuchtet ja auch ein, dass ein Philosoph, dem die christlichen Offenbarungsthatsachen völlig unbekannt gewesen wären, in Anlehnung an die vorchristliche Philosophie zu den thomistischen Beweisen für das Dasein Gottes hätte gelangen können. Die Philosophie des Thomas statuiert ein rein aus der natürlichen Kraft der Vernunft entspringendes Reich der Wahrheit, das, unabhängig von aller Offenbarung, dem vernünftigen Geist angehört und dem Thomas nur eine Ergänzung des religiösen Glaubens ist.

III. Die Beweise für das Dasein Gottes bei Nominalistsn.

Als Gegner des Thomas trat Johannes Duns Scotus auf. Er suchte darzuthun, dass die Beweise für das Dasein Gottes bei Anselm und Thomas doch notwendigerweise zum Pantheismus führen müssten. Des Scotus Grundsatz ist: ratio singularitatis frustra quaeritur. Das Reale ist allein im Individualen, daher ist es unerkennbar; und somit ist auch unerkennbar die Gottheit, die Erlösung, die ganze Kirchenlehre. Scotus geht also weit über das credo ut intelligam hinaus. Das Religiöse wird allein dem praktischen Gebiete zugewiesen, was ganz an Kant erinnert. Daher hat Scotus auch gar nicht den Versuch gemacht, Beweise für das Dasein Gottes zu geben. Scotus wollte ebenso wie Thomas die Kirchenlehre festhalten; dieser glaubte auf rationellem Wege die Kirchenlehre stützen zu können, jener erkannte aus der thomistischen Argumentation, deren Konsequenzen er zog, dass dieselbe zum Gegensatz gegen die Kirchenlehre führen müsse; daher vollzog er die schon von Thomas, ja unbeabsichtigt schon von Anselm angebahnte Trennung der rationellen Erkenntnis von der gläubigen Erfahrung.

Wilhelm Oceam, ein Schüler des Scotisten, warf vollends den scholastischen Realismus über den Haufen, zeigte, dass beim ontologischen Beweise die Behauptung, die Realität Gottes liege in dem Begriff Gottes, grundlos sei, bekämpfte den thomistischen Begriff der Kausalitätsreihe, die nach Ansicht des Thomas kein regressus in infinitum sein konnte, und verwarf damit auch den kosmologischen Beweis. Ja, er sprach es offen aus, dass das Dasein Gottes nicht bewiesen werden könne, dass es somit keine wissenschaftliche spekulative Theologie gebe.

Es ist natürlich, dass man im Humanismus und in der Renaissance auf die anselmschen und thomistischen Beweise für das Dasein Gottes nicht zurückkam. Die Kirche hatte — und das ist ein Zeichen ihrer Klugheit — die rationellen Gottesbeweise aufgegeben, und wer das Ringen der Kirche um die Erhaltung ihrer Alleinherrschaft kennt, wird zugeben, dass der scholastische Nominalismus, wie er von Scotus angebahnt und von Oceam durchgeführt wurde, der Kirche den grössten Dienst erwiesen hat. Ich kann der gewöhnlichen Ansicht nicht beistimmen, nach welcher der Nominalismus wesentlich zum Sturze Roms beigetragen und die Reformation vorbereitet haben soll; er hat .m E. den Sturz Roms und die Reformation eher aufgehalten und hinausgeschoben. Will die Kirche den Inhalt der Offenbarung festhalten, so kann sie es nur durch Aufgabe der rationellen Spekulation und durch Beschränkung auf das praktische Gebiet des Glaubens. Durch diese Beschränkung umgibt sie sich mit einer schützenden Mauer, welche keine Philosophie erstürmen kann.

Dies erkannten die Nominalisten und deshalb findet man bei ihnen keine Beweise für das Dasein Gottes. —

Jahrhunderte vergingen, bis die Philosophie wieder den Versuch machte, die Realität Gottes zu beweisen.

Descartes war es, der seine ganze Philosophie, wenigstens seine ganze Welterkenntniss auf die rationelle Gewissheit von der Existenz Gottes zu stützen suchte.

IV. Die Beweise für das Dasein Gottes bei Descartes.

a. Die philosophischen Grundlagen bei Descartes.

α. Der Zweifel.

Will man die Beweise für das Dasein Gottes bei Descartes verstehen, so muss seine ganze Lehre, ja sein ganzes Leben ins Auge gefasst werden. Kaum ein anderer epochemachender Philosoph hat seine Ideen zu einem so einheitlichen System zu verarbeiten gewusst, wie Cartesius, und kaum ein anderer Philosoph hat sein Leben so nach seinen philosophischen Grundsätzen eingerichtet, wie er.

Höchstens gibt das Leben des Sokrates und auch das Leben Kants in seiner strengen Uebereinstimmung mit der Kritik der praktischen Vernunft ein Analogon dazu. Schopenhauer ist nach dieser Seite hin der Antipode des Descartes.

Eine ausführliche Darstellung des ganzen cartesianischen Systems gehört nicht in den Rahmen vorliegender Arbeit. Ich begnüge mich damit, in flüchtigen Umrissen dieses System zu zeichnen bis zu dem Punkte, an welchem sich die Beweise für das Dasein Gottes naturgemäss einfügen.

Descartes geht in seinen Meditationen von der Thatsache aus, dass er sich in vielen Vorstellungen, die er von Jugend auf als wahr angenommen, getäuscht habe; es sind die Wahrnehmungen, die er durch die Sinne gemacht hat. Die Sinne haben ihn getäuscht. Dadurch kommt Descartes zunächst zum Zweifel an der Wahrheit aller sinnlichen Wahrnehmungen. Der Philosoph macht aber selber ausdrücklich darauf aufmerksam,[1]) dass sein Zweifel an der

---

1) Med. Uebers. v. L. Fischer S. 26.

Wahrheit der sinnlichen Wahrnehmungen nicht mit der
Leugnung der Realität der vorgestellten Dinge zu identifi-
cieren sei. Nur wer dies im Auge behält, wird den Zweifel
des Descartes und die aus demselben gezogenen Folgerungen
richtig verstehen.

Selbst an der Realität der vor seinen Augen liegenden
Dinge, ja seines eigenen Körpers zweifelt er, weil er die
Vorstellungen dieser Dinge auch im Traum gehabt habe, wo
sie ihm Nichtvorhandenes als vorhanden vorlogen.

Nicht einmal ob er wache oder träume, vermag er mit
Bestimmtheit zu unterscheiden.

β. Das Wahrheitskriterium.

In seinem allgemeinen Zweifel fragt Descartes, ob
denn nicht doch ein Archimedischer Punkt zu finden sei, von
welchem aus er die Realität der Welt wiedergewinnen könne.
Wenn er an allem zweifeln muss, so kann er doch nicht
daran zweifeln, dass er zweifelt. Zweifeln ist denken; daher
ist das eine gewiss, dass er denkt, dass er ein denkendes
Wesen ist: cogito ergo sum.

Er kann bei allen Wahrnehmungen getäuscht werden,
aber das eine bleibt dabei gewiss, dass er, der getäuscht
werde, sei.

Das also ist sein archimedischer Punkt: Ich bin und bin
ein denkendes Wesen. Dies eine ist ihm völlig klar und
evident. Klar nennt Descartes eine Vorstellung, die dem
aufmerksamen Geiste gegenwärtig und offen ist; deutlich ist
die Vorstellung, welche klar, und zugleich so bestimmt von
allen übrigen unterschieden ist, dass sie auch in ihrer Eigen-
tümlichkeit einer richtigen Betrachtung einleuchtet. Diese
deutliche Evidenz ist unserm Philosophen das Kriterium aller
Wahrheit; alles, was er so klar und deutlich erkennen kann
wie die Realität seines eigenen denkenden Ichs, ist daher
auch wahr. So hat Descartes doch einen Ausweg gefunden,
auf welchem er seinen allgemeinen Zweifel überwinden kann.

Das Cartesianische Wahrheitskriterium muss bei der
Darstellung seines Systems in den Vordergrund gestellt

werden. Dieses Kriterium ist m. E. der Ausgangspunkt der ganzen cartesianischen Philosophie. Weil er keine klare und deutliche Erkenntnis von den durch die Sinne wahrgenommenen Dingen hatte, deshalb kam er zu einem allgemeinen Zweifel und dadurch fand er auf Grund desselben Kriteriums die Realität seines denkenden Ichs. Wenngleich noch selber in scholastischen Anschauungen befangen, polemisierte er doch eifrig gegen die ganze bisherige Schulphilosophie, weil derselben das methodische Denken, der Geist der Prüfung, das Kriterium der Wahrheit fehlte. So erklärt sich auch des Descartes grosse Achtung vor der mathematischen Wissenschaft, weil dieselbe nach seiner Meinung bisher allein jenem Kriterium gerecht geworden war. Ob die klare und deutliche Erkenntniss, von Descartes in den règles pour la direction de l'esprit Intuition genannt, die Grundlage einer sicheren und unumstösslichen Erkenntnistheorie darbietet, ob des Descartes Wahrheitskriterium nicht selber dem cartesianischen Zweifel unterstellt werden kann, ist hier nicht näher zu erörtern. Jedenfalls hat Descartes das Verdienst, in die Wissenschaft methodisches Denken eingeführt und damit die Herrschaft der Scholastik, von der er sich selber noch nicht ganz hat frei machen können, erschüttert zu haben.

Descartes erkannte klar und deutlich sein eigenes denkendes Ich, und es drängte sich ihm nun die Frage auf, ob es möglich sei, auch noch andere Dinge, als sich selbst, klar und deutlich zu erkennen, ob die Realität der Erscheinungswelt gesichert werden könnte, ohne das von ihm gefundene Wahrheitskriterium zu verleugnen.

Wir haben die Erscheinungswelt in unserer Vorstellung. Die Vorstellungen sind verschiedenen Ursprungs: teils sind sie uns angeboren, teils von aussen in uns hineingekommen, teils von uns selber hervorgebracht.[1] Die von der Aussenwelt in uns gekommenen Vorstellungen bestehen nicht vor

---

1) Med. III. ideae aliae innatae, aliae adventitiae, aliae a me ipso factae videntur.

dem Forum des Wahrheitskritoriums, denn die Erfahrung
lehrt uns, wie oft wir durch sie getäuscht sind. Die Vorstellung, die wir von den Aussendingen haben, ist allerdings
unzweifelhaft richtig, aber die Täuschung tritt ein, wenn
wir annehmen, dass unsere von aussen kommenden Vorstellungen den Dingen völlig entsprechen.
Wie verhält es sich nun mit den Vorstellungen, welche
ich selbst in mir hervorbringe? Und welche Vorstellungen
vermag ich selbst aus mir hervorzubringen?

γ. Objektive und formale Realität.

Descartes unterscheidet zwischen objektiver und for-
maler Realität der Vorstellungen, und diese Unterscheidung
ist für das ganze cartesianische System, namentlich für seine
Gottesbeweise, von solcher Wichtigkeit, dass ich[1]) die dies-
bezüglichen Definitionen hier wörtlich anführe:

„Unter gegenständlicher (objektiver) Realität der Vorstellung verstehe ich das Sein des durch die Vorstellung
dargestellten Dinges, insofern dieses Sein in der Vorstellung
ist. In diesem Sinne kann auch von einer gegenständlichen
Vollkommenheit und von einem gegenständlichen Kunstwerk
u. s. w. gesprochen werden. Denn alles, was wir wahr-
nehmen, als in den Gegenständen der Vorstellung befindlich,
ist in deren Vorstellung gegenständlich."

„Man sagt, dass dieses formal in den Gegenständen der
Vorstellung ist, wenn es so in denselben ist, wie wir es er-
fassen, und dass es in höherem Masse (eminenter) darin ist,
wenn es zwar nicht in gleicher Art, aber doch in dem Grade
darin ist, dass es die Stelle jenes vertreten kann."

Nach Descartes hat jede von uns hervorgebrachte Vorstellung eine Ursache, denn aus nichts kann nichts erzeugt
werden. Diese Ursache, von welcher unsere Vorstellung
erzeugt wird, hat entweder die gleiche Realität (causa for-
malis), oder noch mehr Realität (causa eminens), als in der
Vorstellung gedacht wird.

---

1) Med. Uebers. v. Kirchmann, Anhang, 3 Definition ff.

Das Objektive dagegen ist das, was als Vorstellung im Geiste ist, nicht das äussere Objekt, die res externa.

Descartes vergegenwärtigt sich selber den Einwand, da die Realität, die ich in meinen Vorstellungen anschaue, nur eine objektive ist, so brauche dieselbe Realität nicht formal in den Ursachen jener Vorstellungen zu sein, sondern es genüge, wenn sie in ihnen ebenfalls objektiv war. Auf diesen Selbsteinwand erwidert Descartes, die formale Seinsweise entspreche ebenso den Ursachen der Vorstellungen, wenigstens den ersten und hauptsächlichsten Ursachen, wie die objektive Seinsweise den Vorstellungen ihrem Wesen nach entspreche. Wohl könne eine Vorstellung aus einer anderen hervorgehen, aber ein regressus in infinitum sei dabei undenkbar; endlich müsse man bei einer ersten Vorstellung ankommen, deren Ursache gleichsam das Original sei, indem alle Realität formal, d. h. wirklich vorhanden sei, die sich in der Vorstellung nur objektiv finde.

Meine Vorstellungen müssen zwar nicht immer der Vollkommenheit der Dinge entsprechen, deren Bilder sie sind, aber sie können nie grösseres oder vollkommeneres als jene enthalten. Habe ich nun eine Vorstellung, deren objektive Realität weder in demselben noch in einem höheren Grade in mir enthalten ist, deren Ursache ich also nicht selber sein kann, so folgt daraus, dass ich nicht allein in der Welt bin; es muss noch etwas anderes, nämlich die Ursache solcher Vorstellungen, in der Welt sein. Nur solche Vorstellungen, die mehr objektive Realität haben, als in mir enthalten ist, verbürgen mir die Existenz eines ausser mir befindlichen Wesens. —

Descartes untersucht nun weiter, welche Vorstellungen er aus sich selber haben könne, die also einer andern formalen Ursache als der in seinem eigenen Wesen enthaltenen nicht bedürfen. Er findet in sich die Vorstellung seiner selbst, die Vorstellung von Gott, von Körpern und leblosen Wesen, von Engeln, Tieren und schliesslich von Menschen seinesgleichen. Aus den Vorstellungen, die er

a) von sich,

b) von den Körpern und

c) von Gott

hat, lassen sich die Vorstellungen von andern Menschen, von Tieren und Engeln bilden, auch wenn es weder andere Menschen, noch Tiere, noch Engel gäbe.

ad a) Die Vorstellung, die er von sich selbst hat, macht ihm keine Schwierigkeit mehr. Das cogito ergo sum hat er aus seinem allgemeinen Zweifel sich sicher gerettet.

ad b) Wie können die Vorstellungen von Körpern entstehen? In den Vorstellungen von Körpern findet sich nicht mehr Realität, als Descartes in sich selber hat. Er selber kann mithin die Ursache dieser Vorstellungen sein. An den Körpern kann Descartes sich

α) einiges klar und deutlich vorstellen: Ausdehnung in Länge, Breite und Tiefe, Gestalt, Lage, Substanz, Zahl und anderes.

β) Anderes: Licht, Farbe, Töne, Gerüche, kurz: die sogenannten sekundären Qualitäten stellt er sich nur verworren vor.

ad *α*) Die klaren und deutlichen Vorstellungen an den Körpern kann er aus sich selber haben; er kann sich die Substanz eines Körpers vorstellen, weil er selber Substanz ist; er kann sich die Dauer eines Körpers vorstellen, weil er, der jetzt ist, sich erinnert, früher gewesen zu sein, also die Vorstellung der Dauer aus seinem eigenen Wesen abgeleitet hat.

Es kann dagegen nicht geltend gemacht werden, dass Ausdehnung, Gestalt, Lage, Bewegung etc. in ihm, dem Philosophen, der lediglich ein denkendes Wesen ist, nicht formaliter (wirklich) enthalten sei; denn Ausdehnung, Gestalt etc. sind ja nur gewisse Eigenschaften einer Substanz und können daher in ihm, der eine Substanz ist, vermöge seiner grösseren Realität (eminenter) enthalten sein. Also die klaren und deutlichen Vorstellungen an den Körpern machen keine Schwierigkeiten mehr; sie lassen sich auf die klaren und deutlichen Vorstellungen, die Descartes von sich als einer Substanz hat, zurückführen.

ad *β*) Aber auch die verworrenen und dunklen Vorstellungen von den sekundären Qualitäten der Dinge wider-
sprechen nicht der Behauptung des Descartes, die Vorstellungen der Körper sämmtlich aus sich ableiten zu können.
Denn wenn auch die Vorstellungen von den sekundären
Qualitäten der Dinge falsch sind, nichts ihnen Aehnliches
darstellen, so sagt das natürliche Erkenntnisvermögen, dass
sie aus nichts hervorgehen, d. h. dass sie nur darum in dem
Menschen sind, weil seiner Natur etwas fehlt, weil seine
Natur nicht vollkommen ist. Sind sie aber wahr, so bieten
sie doch so wenig Realität dar, dass der Mensch sie nicht
einmal von dem Nichtseienden unterscheiden kann; sie haben
also weniger Realität, als der sein Dasein klar und deutlich
erkennende Mensch, können also aus ihm selber hervorgegangen sein.

c) Es erübrigt also nur noch zu untersuchen, wie die
Vorstellung von Gott entstehen kann.

b. Der anthropologische Beweis.

α) Die Definition Gottes.

„Unter Gott verstehe ich ein unendliches, unabhängiges,
allweises, allmächtiges substantielles Wesen, von dem ich
und alles, was etwa ausser mir existiert, geschaffen bin."

Wir sehen, dass dem Descartes Gott nicht speziell der
Gott der christlichen Offenbarung ist. Er hat auch nicht,
wie Anselm und Thomas, seinen Gottesbeweis auf den christlichen Gottesgedanken anwenden wollen. Das wesentlichste
an dem Cartesianischen Gottesbegriff ist Intelligenz, Unend-
lichkeit und Transcendenz.

β) Die Ursache dieses Begriffs.

Die Idee einer Substanz kann ihre formale Ursache in
mir gehabt haben, aber nicht die Idee einer absoluten Substanz. Diese Idee kann ihre formale Ursache nur in einer
solchen wirklich existierenden Substanz selber gehabt haben.
Der Schluss ist also bei Descartes folgender:

In einer wirkenden Ursache muss ebensoviel Realität enthalten sein, wie in der Wirkung dieser Ursache.

In mir ist die Vorstellung eines absoluten, unendlichen Wesens vorhanden. Ich selber kann als endliches Wesen nicht die Ursache dieser Vorstellung eines unendlichen Wesens sein. Folglich muss ausser mir dieses unendliche Wesen als Ursache meiner Vorstellung von ihm vorhanden sein. Gott existiert.

Doch lässt sich das Unendliche nicht als eine Negation des Endlichen fassen, so dass man den Begriff des Unendlichen gewinnen kann, wenn man von seiner eigenen endlichen Substanz alle Vollkommenheiten abstrahiert?

Descartes erwidert auf diesen Einwand: Es ist evident, dass das Unendliche mehr Realität enthält als das Endliche. Durch Abstraktion der Unvollkommenheiten von der unvollkommenen Substanz gewinnt man keine Realität. Zur Vorstellung eines Endlichen kann man vielmehr nur kommen, wenn man zuvor die Vorstellung eines Unendlichen hat; ich kann mich als ein unvollkommenes Wesen nicht erkennen, wenn ich nicht zuvor die Vorstellung eines Vollkommenen habe; mithin geht die Vorstellung Gottes der des Ichs voraus. Das Ich erhält seine volle Bedeutung durch die Gottesidee. Wohl ist das „ich bin" das erste und sicherste, aber die Gewissheit das „ich bin" ist noch durch die Gottesidee im gewissen Sinne bedingt.

Die Vorstellung eines vollkommen unendlichen Wesens ist nach Descartes vollkommen wahr.

Gesetzt auch, ich könnte mir einbilden, ein solches unendliches Wesen, welches ich mir vorstelle, existierte nicht, so kann ich mir doch nicht einbilden, dass die Vorstellung desselben mir nichts Reales biete.

Erster Selbsteinwand: Vielleicht enthalte ich alle Vollkommenheiten, welche ich Gott zuschreibe, potentiell in mir und kann vielleicht selbst einmal zur Vollkommenheit Gottes fortschreiten; daher, weil vielleicht potentiell die Vollkommenheit Gottes in mir liegt, bin ich auch vielleicht die formale Ursache meiner Vorstellung eines vollkommenen Wesens.

Widerlegung: In Gott ist nichts potentiell, sondern alles real. Meine etwaige Anlage zur Vollkommenheit ist schon eo ipso, als blosse, noch unverwirklichte Anlage, eine Unvollkommenheit. Ein objektives Sein kann nicht durch ein potentielles Sein, das nichts ist, hervorgebracht werden.

Zweiter Selbsteinwand: Wäre es nicht möglich, dass ich selber existierte, ohne die Gottesidee zu haben?

Erwiderung: „Woher hätte ich dann meine Existenz?

  a) Entweder von mir selbst,
  b) Oder von meinen Eltern,
  c) Oder von einem andern unvollkommneren Wesen als Gott.

ad a) Hätte ich mich selbst erschaffen können, so würde ich mir alle die Vollkommenheiten gegeben haben, die ich mir vorstelle; ich würde selber Gott sein. Ich habe diese Vollkommenheiten nicht, daher bin ich nicht mein eigener Schöpfer.

Aber ich bin vielleicht immer gewesen und hatte keinen Schöpfer nötig. Auf diesen Einwand erwidert Descartes:

Meine ganze Lebenszeit ist eine unzählige Reihe von aufeinander folgenden Teilen. Jeder dieser Teile ist unabhängig von dem andern. Daraus, dass ich früher war, folgt nicht, dass ich jetzt bin. Dieselbe Ursache, die macht, dass ich in diesem Augenblick bin, machte auch, dass ich in jedem früheren Augenblicke war. Dieselbe Kraft wäre nötig zu meiner Neuschöpfung, wenn ich jetzt nicht existierte, welche nötig ist, um mich in jedem Augenblicke zu erhalten. Schaffen und Erhalten sind nur nach Art unserer Auffassung verschieden; die Erhaltung ist dem Descartes, wie schon dem Augustin, eine creatio continua, ganz im Gegensatz zu den Anschauungen der modernen Naturforschung, nach welcher jeder Gegenstand unveränderlich fortbesteht, bis eine Ursache ihn verändert, und nach welcher jede Bewegung so lange fortdauert, bis sie gehemmt wird, (z. B. durch eine unbewegte Mauer.)

Kann ich selber mich nun vielleicht erhalten? Da ich ein denkendes Wesen bin, so müsste ich mir dieser meiner erhaltenden Fähigkeit bewusst sein. Ich habe dieses Bewusstsein nicht, folglich bin ich abhängig von einem Wesen ausser mir.

ad b) Vielleicht haben meine Eltern mich ins Dasein gerufen, die ja die nächsten Urheber meines Daseins sind. Erwiderung: Die Ursache muss ebensoviel Realität haben wie die Wirkung. Ich bin ein denkendes Wesen; daher muss meine Ursache auch ein denkendes Wesen sein, das dieselbe Vorstellung von Gott hat, welche ich habe. Wären nun meine Eltern meine Ursache, so bliebe wieder die Frage zu beantworten, woher denn meine Eltern jene Vorstellung haben und so in infinitum; zuletzt käme man doch zur letzten Ursache, Gott. Aber weshalb kann man denn nicht jene Reihe in infinitum fortsetzen?

Es handelt sich nicht bloss um die Ursache, die mich ins Leben rief, sondern auch um die, welche mich erhält. Meine Eltern erhalten mich nicht, sofern ich ein denkendes Wesen bin; erhalten ist ein fortwährendes neuschaffen; daher haben sie mich als denkendes Wesen auch nicht erschaffen. Da ich bin und als denkendes Wesen die Vorstellung von Gott habe, so folgt mit Sicherheit, dass Gott existiert, der mir die Gottesvorstellung gegeben hat.

ad c) Vielleicht haben mehrere Teilursachen bei meiner Entstehung zusammengewirkt, so dass ich von der einen die Vorstellung dieser, von der andern die Vorstellung jener Vollkommenheit habe.

Mit der Einheit würde, wie Descartes meint, jenen Ursachen die wahre Vollkommenheit fehlen, denn in der Einheit erkenne ich gerade die Haupteigenschaft Gottes.

Descartes wirft in der vierten Meditation noch die Frage auf, ob Gott, von welchem er die Gottesvorstellung zu haben annehme, ihn nicht auch dabei habe täuschen können. Er antwortet: Gott kann mich nicht täuschen; denn alle Täuschung und aller Betrug zeugt von Unvollkommenheit. Die Fähigkeit zu täuschen kann von Scharfsinn zeugen, könnte mithin eine Vollkommenheit enthalten; aber der Wille zu täuschen zeugt von Bosheit und Schwäche, mithin von einer Unvollkommenheit. Ein betrügerisches Wesen kann aber nicht die formale Ursache meiner Vorstellung eines absolut vollkommenen Wesens sein.

Aehnlich argumentiert Descartes auf scholastische Weise in der 5. Meditation: „Nachdem ich eingesehen habe, dass Gott ist, habe ich auch erkannt, dass alles von ihm abhängt und dass er nicht trügerisch ist, und habe daraus abgenommen, dass alles, was ich klar und deutlich einsehe, notwendig wahr ist." Wohl nicht mit Unrecht wird hierbei dem Descartes ein scholastischer Cirkelschluss vorgeworfen: Alles, was ich klar und deutlich einsehe, ist wahr. Klar und deutlich, mithin wahr ist der Satz: cogito ergo sum. Aus meiner Existenz und meiner Vorstellung Gottes wird das Dasein Gottes bewiesen. Aber ich kann mich möglicherweise irren. Um diese Möglichkeit zu beseitigen, wird wieder die Natur Gottes herangezogen, die nicht trügen kann. Also das Dasein Gottes wird durch die Klarheit und Deutlichkeit seiner Vorstellung bewiesen, und die Wahrheit dieser Vorstellung wird durch das Dasein und Wesen Gottes bewiesen.

γ. Die Art und Weise, wie der Gottesbegriff sich bildet.

Nachdem die Frage beantwortet ist, woher die Vorstellung von Gott kommt, bleibt noch zu erörtern, wie ich diese Vorstellung von Gott erhalten habe.

Nicht aus den Sinnen habe ich, wie gezeigt wurde, diese Vorstellung geschöpft, wie die andern sinnlichen Vorstellungen; auch habe ich selber mir sie nicht gegeben, sondern sie ist mir angeboren, wie auch die Vorstellung meiner selbst mir angeboren ist. Wie der Künstler seinem Werke sein Zeichen einprägt, so hat Gott mir die Vorstellung von ihm eingeprägt, d. h. Gott hat mich nach seinem Ebenbild geschaffen. Die Gottähnlichkeit, welche die Gottesvorstellung in sich schliesst, nehme ich durch dasselbe Vermögen wahr, durch das ich mich selbst wahrnehme. Der Blick auf meine eigene Unvollkommenheit zeigt mir, dass ich von einem Höheren abhängig bin. Dieses Höhere ist nicht nur potentiell unendlich, sondern ein aktual unendliches Wesen. Die Kraft dieses Beweises liegt also für Descartes darin, dass er selber mit der Idee Gottes gar nicht existiren könnte, wenn nicht der Gott existiert, den er sich vorstellt.

Man kann in cartesianischer Redeweise diesen Beweis kurz so ausdrücken: Die objektive Realität einer Vorstellung kann nicht grösser sein als die formale Realität ihrer Ursache. Ich habe die Gottesvorstellung; ihre objektive Realität ist unendlich gross, also grösser als meine eigene formale Realität. Daher kann ich nicht die Ursache dieser Vorstellung sein. Nur ein unendliches Wesen, Gott selber, kann diese Ursache sein. Gott existiert.

c. Der ontologische Beweis.

α. Gottes Begriff schliesst notwendige Existenz ein.

Anselm folgert aus der blossen Idee Gottes die Esistenz desselben, m. a. W. mit der gedachten Existenz Gottes ist zugleich die wirkliche Existenz Gottes gesetzt. Aber wenn dies von der Gottesvorstellung gilt, so müsste dies ja auch von jeder andern Vorstellung gelten. Es liegt ja in meiner Macht, ob ich denken will oder nicht, mithin hängt nach konsequenter anselmscher Anschauung die Existenz von meinem Denkenwollen ab. Es ist unfassbar, wie katholische Philosophen diesem Beweise noch überzeugende Kraft beimessen können. Das dies geschieht, ist ein Beweis dafür, dass Wahrheiten nicht gefunden werden können, wenn der Philosoph sich von ausserhalb der Vernunft liegenden Auktoritäten Vorschriften machen lässt.

Descartes hat sich daher mit der Anselmschen Argumentation auch nicht begnügt. Es lag ihm alles daran, nachzuweisen, dass es nicht in dem Belieben des Menschen stehe, ob er Gott denken wolle oder nicht; dass die Idee Gottes in uns kein willkürlicher, sondern ein notwendiger Gedanke sei. Aus dem Wesen des Menschen will er diese Notwendigkeit, die Idee Gottes zu haben, nachweisen, um seinem ontologischen Beweise eine anthropologische Grundlage zu geben. Die Schwäche des anselmschen Beweises kennzeichnet Descartes mit folgendem Argument: „Ich kann mir ein Flügelpferd vorstellen, wenn auch kein Pferd Flügel hat, und so kann ich wohl auch Gott die Existenz andichten, wenn es auch gar keinen Gott gäbe", d. h. aus meinem Vorstellen an sich folgt noch nicht das Sein Gottes. Med. V. Descartes kann sich nicht einen Berg ohne Thal denken, aber daraus folgt nur, dass Berg und Thal unzertrennbar vereinigt sind, einerlei, ob sie existieren oder nicht. Aber daraus, dass er sich Gott nicht anders als seiend vorstellen kann, dass er von Gott nicht die Existenz hinwegdenken kann, wie dies ihm bei einem Berge möglich ist, folgt eben, dass Gott und das Sein untrennbar vereint sind, dass also Gott ist. Die Realität Gottes zwingt ihn, so zu denken. Es steht nicht in seinem Belieben, Gott ohne Existenz zu denken, wie es ihm frei steht, ein Pferd ohne Flügel zu denken.

Das Hauptargument bei Descartes ist also: Das, was ich in meiner Vorstellung von dem Wesen eines Dinges nicht abtrennen kann, gehört wirklich zum Wesen des Dinges. Das Sein lässt sich in meiner Vorstellung von Gott nicht abtrennen, folglich gehört es auch zum Wesen Gottes.

β. Diese notwendige Existenz ist eine Vollkommenheit.

Fragt man nun, weshalb man in seiner Vorstellung das Sein nicht von dem Wesen Gottes abtrennen könne, so antwortet Descartes: Das Sein gehört zu den Vollkommenheiten, ein seiendes Wesen ist vollkommener als ein nichtseiendes Wesen. Ich habe aber in meiner Vorstellung die Idee Gottes als des vollkommensten Wesens, und diese Idee habe ich notwendig. Abgesehen von dem letzten Zusatz, ist Descartes hiermit noch nicht über Anselm hinausgekommen.

Aber nun begnügt sich unser Philosoph nicht damit, den Nachweis von der Notwendigkeit der Vorstellung eines existierenden Gottes zu liefern; es ist ihm nicht das das wesentlichste, dass die Idee Gottes notwendig in uns ist, vielmehr darauf kommt alles an, dass, wie wir gezeigt haben, diese Vorstellung nicht unsere Wirkung ist, sondern gött-

licher Herkunft. Nicht aus der blossen notwendigen Idee
will er die Existenz Gottes beweisen, sondern aus der an-
gebornen Idee.

Ist die Idee Gottes in uns die Wirkung Gottes, so haben
wir zunächst die Ueberzeugung von der Existenz Gottes in
uns, und von dem Dasein Gottes in uns erkennen wir das
Dasein Gottes überhaupt. Descartes findet zunächst nicht
einen transcendenten, sondern einem ihm immanenten Gott.
So scheint dem ontologischen Beweise in der That eine
anthropologische Grundlage gegeben zu sein. In dem Begriff
Gottes liegt das Dasein eingeschlossen; das Dasein ist schein-
bar nicht ein besonderes Merkmal dieses Begriffes, sondern
dieser Begriff ist Gottes Wirken und Dasein selbst. Wie
aus dem cogito das ergo sum folgt, so folgt aus dem deus
cogitatur das ergo deus est.

In diesem Zusammenhange des cogito ergo sum mit dem
deus cogitatur ergo deus est liegt die wesentlichste Stütze
des cartesianischen Gottesbeweises. Das Wahrheitsbedürfniss
brachte Descartes zur Selbstprüfung und zu der Einsicht,
dass er sich in vielen Fällen wirklich, darum möglicher
Weise in allen Fällen getäuscht habe; er trug daher Bedenken, seine Ansichten für wahr zu halten. Aus dieser
Selbstprüfung und Selbsterkenntniss entsprang sein Zweifel.
Sein Zweifel ist identisch mit der Gewissheit seiner intel-
lektuellen Unvollkommenheit; aus seinem Zweifel folgerte
Descartes nicht nur die Realität seines denkenden Ichs,
sondern auch die Gewissheit seiner Unvollkommenheit. Wer
aber seine Unvollkommenheit erkennt, erkennt dieselbe nur
an dem Massstabe eines vollkommenen Wesens und strebt
nach dieser Vollkommenheit; mit der Idee der Unvollkommenheit ist zugleich die Idee der Vollkommenheit verbunden,
beide Vorstellungen bilden einen Akt des Denkens.

Im Begriff der sonstigen Dinge ist zufällige Existenz,
im Begriff Gottes ist notwendige Existenz. Also existiert
Gott.

d. Kants Widerlegung des ontologischen Beweises.

Descartes war nach Beendigung seiner Meditationen auf mancherlei Angriffe gefasst. Um nicht in offenen Konflikt mit der Kirche zu kommen, schickte er das Manuscript vor der Veröffentlichung an seinen Freund Mersenne in Paris und beauftragte denselben, seine Arbeit den damaligen Vertretern der Theologie und Philosophie zur Begutachtung vorzulegen. Von allen Seiten erfolgten darauf, wie Descartes richtig vermutet hatte, die Einwürfe, und zwar vereinigten sich die verschiedensten Geistesrichtungen der damaligen Zeit in der Bekämpfung der cartesianischen Philosophie. Jesuiten, Zansenisten, Sensualisten – alle sahen ihre Theorien von Descartes bedroht. Die theologischen Einwürfe gegen des Descartes Denkweise übergehe ich hier völlig. Von Seiten der Philosophie wurde namentlich geltend gemacht, dass die Gottesidee nicht angeboren sei, weil in diesem Falle diese Idee allen Menschen zu allen Zeiten gegenwärtig sein müsse; Descartes irre, wenn er die Möglichkeit bestreite, die Gottesidee aus dem eigenen Denken hervorzubringen [1]).

Ferner wurde dem Descartes bestritten, dass es in der Kausalitätsreihe keinen regressus in infinitum geben könne; der Gedanke einer solchen in infinitum gehenden Reihe könne recht wohl vollzogen werden [2]). Auch das von Descartes beigebrachte ontologische Moment, das von dem Gottesbegriff auf die Existenz zu schliessen sei, wurde abgewiesen [3]).

Arnauld erkannte auch den oben erwähten Cirkelschluss, nach welchem das Wahrheitskriterium zum Beweise für das Dasein Gottes, und das Dasein Gottes zum Beweise des Wahrheitskriteriums dient.

In Descartes Responsionen habe ich keine wesentlichen neuen Beweismomente finden können; Descartes hatte ja auch schon bei Abfassung seiner Meditationen die gegneri-

---

1) Obiect. II u. III.   2) Obiect. V.   3) Obiect. I.

schen Einwürfe vorausgesetzt und auf dieselben Bezug genommen.

Am treffendsten hat m. E. Kant die völlige Haltlosigkeit des cartesianischen Beweises dargethan. Kants Widerlegung möge daher hier noch Platz finden: Es wird Kant vorgeworfen, dass er den Beweis des Anselm mit dem des Descartes verwechselt habe. Mir will es nicht einleuchten, dass einer der grössten Denker den Unterschied der Anselmschen und Cartesianischen Theorie sollte verkannt haben. Jedenfalls trifft die Kantsche Widerlegung den Cartesianischen Beweis ebenso wie den Anselmschen.

Der ontologische Beweis beruht auf der Voraussetzung, dass das Sein zu den Vollkommenheiten gehört. Hierin stimmt Descartes mit Anselm überein; beide stellen die Realität oder Existenz Gottes als eine seiner Vollkommenheiten vor; sie glauben, den ganzen Gottesbegriff aufzugeben, sobald sie von der als Teil zu ihm gehörenden Realität abstrahieren. Ist diese Voraussetzung falsch, so fällt der ganze Beweis.

Kant hat in der Kritik der reinen Vernunft diese Voraussetzung, dass das Sein eine Vollkommenheit sei, in ihrer Haltlosigkeit aufgedeckt. Seine Argumentation ist im wesentlichen folgende[1]: Es ist notwendig, mit einem Dreieck zugleich seine 3 Winkel zu denken. So muss ich urteilen. Aber die Notwendigkeit des Urteilens ist nicht auch die Notwendigkeit der Dinge. „Ein Dreieck hat 3 Winkel" besagt nicht, dass auch unbedingt ein Dreieck sein muss, sondern nur, dass, wenn ein Dreieck ist, dann sind auch unbedingt 3 Winkel. „Ein Dreieck hat 3 Winkel" ist ein identischer Satz. Hebe ich nun das Prädikat in diesem Satze auf und behalte das Subjekt, so entsteht allerdings ein Widerspruch; hebe ich aber beides, Subjekt und Prädikat, auf, so entsteht durchaus kein Widerspruch; denn es ist nichts mehr, dem widersprochen werden könnte. Ein Dreieck setzen und seine

---

1) Kant. Kritik der reinen Vernunft. Elementarlehre II. Teil, Kehrbachs Ausgabe, S. 468.

3 Winkel aufheben, ist ein Widerspruch; aber beides aufheben ist kein Widerspruch. Das vollkommene Wesen setzen und seine Allmacht aufheben, ist ebenfalls ein Widerspruch; aber beides aufheben ist kein Widerspruch. Jeder Existentialsatz dagegen ist synthetisch; nun ist aber das Sein kein reales Prädikat, d. i. ein Begriff von irgend etwas, was zu dem Begriff eines Dinges hinzukommen könnte, sondern blosse Position. Der Satz „Gott ist allmächtig" enthält nicht 3, sondern nur 2 Begriffe: Gott und Allmacht: das Wörtchen „ist" ist nicht noch ein Prädikat obenein, sondern nur das, was das Prädikat beziehungsweise auf das Subjekt setzt. Sage ich nun: „Gott ist" — so habe ich das Subjekt mit allen seinen Prädikaten (Allmacht etc.) zusammengenommen; aber ich habe keinen neuen Begriff zu Gott hinzugefügt, sondern ich habe nur das Subjekt an sich selbst mit allen seinen Prädikaten, und zwar den Gegenstand in Beziehung auf meinen Begriff. Beide müssen genau dasselbe enthalten; der Begriff drückt die Möglichkeit aus, und wenn ich dessen Gegenstand als schlechthin gegeben durch den Ausdruck „er ist" denke, so ist zu dem Begriffsinhalt nichts weiter hinzugekommen. Das Wirkliche enthält nichts mehr als das bloss Mögliche. 100 wirkliche Thaler enthalten nicht das Mindeste mehr als 100 mögliche Thaler; denn wäre dies der Fall, so würde mein Begriff nicht den ganzen Gegenstand ausdrücken. Aber in meinem Vermögensbestande ist bei 100 wirklichen Thalern mehr als bei 100 möglichen Thalern, denn der Gegenstand ist bei der Wirklichkeit nicht bloss in meinem Begriff analytisch enthalten, sondern kommt zu meinem Begriff synthetisch hinzu; aber die gedachten 100 Thaler werden durch das Sein ausserhalb meines Begriffs keineswegs vermehrt. Das Dasein ist also, wie Kant zeigt, keineswegs eine Realität oder Eigenschaft eines Dinges, wie dies Descartes und Anselm annahmen, sondern das Dasein besteht lediglich darin, dass ich einem Dinge ein selbständiges Bestehen ausser mir zuschreibe, während die blosse Idee eines Dinges sich in mir befindet und einen Teil meines eigenen Wesens ausmacht. Folglich sind die Idee

eines Dinges und sein objektives Dasein zwei sehr verschiedene Dinge, und es ist unmöglich, dass das eine davon unmittelbar in dem andern enthalten sei. Oder, um mich Kant'scher Redeweise zu bedienen: Das logische Gesetz des Widerspruchs ist ein analytisches Urteil und kein synthetisches; jedes Urteil aber, welches die Existenz eines Dinges betrifft, allemal synthetisch; folglich — schliesst Kant — kann die Existenz überhaupt niemals und unter keiner Bedingung Gegenstand einer logischen oder ontologischen Beweisführung sein.

Es lässt sich nicht leugnen, dass der Kantische Einwand, durch welchen er den ontologischen Beweis entkräftet, durchaus anderer Art ist als der Selbsteinwand des Descartes. Descartes macht sich nur den Einwand: Gedachtes Sein und wirkliches Sein ist nicht identisch. Kants Einwand dagegen ist: Das Sein ist kein die Merkmalsumme des Begriffs vermehrendes Prädikat. Wenn ich von einem Gegenstand das Sein aussage, so spreche ich dadurch ein Verhältnis aus, welches der Gegenstand zu mir hat, dass nämlich der Gegenstand von mir wahrgenommen wird oder wahrgenommen werden kann. Es kommt also, wenn ich von einem Gegenstand die Existenz aussage, allerdings etwas zu dem Begriffe hinzu, nämlich eine bestimmte Setzung, z. B. gegeben sein in der Empfindung, ohne dass jedoch hierdurch der Begriff erweitert oder um ein Merkmal vermehrt werde.

Folgendes Schema möge diesen Gedanken verdeutlichen:

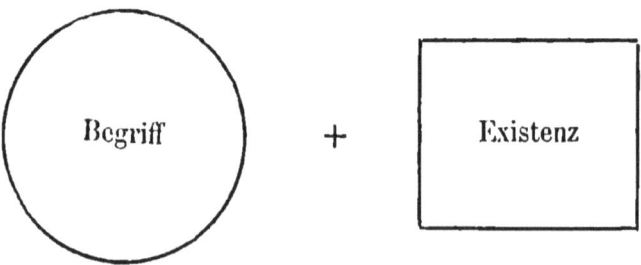

So Kant.

Die Scholastiker aber zogen die Existenz als ein Merkmal in den Begriff selbst hinein nach folgendem Schema:

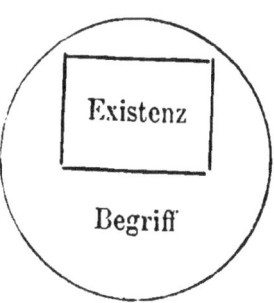

Kirchmann ist der Ansicht, Descartes habe sich denselben Einwand gemacht, mit welchem Kant den ontologischen Beweis widerlegt hat; und es ist für Kirchmann unverständlich, wie Kants Argument mit den 100 wirklichen und 100 möglichen Thalern einen solchen Effekt in der philosophischen Welt habe machen können. Nach Kirchmann hat Kant sowohl wie Descartes den Einwand gemacht: Vorgestelltes Sein und wirkliches Sein ist zu unterscheiden. Kant aber entkräftet, wie Kirchmann meint, durch diesen Einwand den ontologischen Beweis völlig; Descartes aber weiss zur Entkräftung dieses Einwandes nur wieder solche Argumente beizubringen, die auf einer Verwechselung von vorgestelltem Sein und wirklichem Sein beruhen.

L. Fischer dagegen ist der Ansicht, dass Kants Einwand mit dem Selbsteinwand des Descartes nicht identisch sein könne, und ich glaube L. Fischer hierin Kirchmann gegenüber beistimmen zu müssen. Denn, wie gezeigt, ist der Einwand Kants doch nicht in erster Linie: Gedachtes Sein ist kein wirkliches Sein, — sondern: Das Sein gehört nicht zu den Eigenschaften des Dinges, ist kein Merkmal in dem Begriffsinhalt des Dinges. Diese Annahme, aus der die Gleichsetzung von gedachtem Sein und wirklichem Sein erst resultiert, ist der primus error des ontologischen Beweises bei Anselm und bei Descartes.

e. Schopenhauers Urteil über den ontologischen Beweis.

Auch Schopenhauer unterzieht den ontologischen Beweis einer Kritik in seiner Dissertation über die vierfache Wurzel des Satzes vom zureichenden Grunde, cf. Kap. II S. 9.

Ich übergehe Schopenhauers Urteil über Schel-
lings und Hegels Stellung zum ontologischen Beweise, da
Schopenhauer dabei in der ihm eigenen Manier sich nur
in einigen vielleicht geistreich sein sollenden, in Wirklichkeit aber pöbelhaften Redensarten ergeht, ohne irgend wie
mit Gründen zu argumentieren,

Eingehender kritisiert Schopenhauer die cartesianische Begründung des ontologischen Beweises. Ob er ein
Recht hat, Descartes als den Erfinder dieses Beweises zu
bezeichnen, während Anselm nur die Anleitung dazu gegeben habe, mag dahingestellt bleiben Der primus error
des cartesianischen Beweises liegt nach Schopenhauer in
der Verwechselung von Ursache und Erkenntnisgrund. Die
Schopenhauersche Kritik setzt ein bei dem I. Axiom des
Descartes aus der responsio ad secundas obiectiones in me-
ditatione de prima philosophia. Dieses Axiom lautet: nulla
res existit, de qua non possit quaeri, quaenam sit causa, cur
existat Hoc enim de ipso deo quaeri potest, non quod in-
digeat ulla causa, ut existat, sed quia ipsa eius naturae immensitas est causa sive ratio, propter quam nulla causa in-
diget ad existendum. Nach Schopenhauer hätte Descartes sagen müssen: Die Unermesslichkeit Gottes ist ein
Erkenntnisgrund, aus welchem folgt, dass Gott keiner Ursache
bedarf. Statt dessen aber habe er ratio und causa vermengt.
Also — so sagt Schopenhauer — während alle andern
Dinge zu ihrem Dasein einer Ursache bedürfen, genügt dem
auf der Leiter des kosmologischen Beweises herangebrachten
Gott, statt der Ursache, die in seinem eigenen Begriffe lie-
gende Vollkommenheit, oder, wie der Beweis selbst sich aus-
drückt: in conceptu entis summe perfecti existentia, neces-
saria continetur. Dieser Beweis wird nun nach Schopen-
hauerscher Art eine allerliebste Schnurre genannt. Jemand
habe sich einen Begriff ausgedacht, aus allerlei Prädikaten
zusammengesetzt, unten denen auch entweder „blank und
baar" oder aber, welches anständiger sei, in ein anderes
Prädikat, z. B. perfectio, immensitas u. dgl. eingewickelt,
auch das Prädikat der Realität oder Existenz sei. Dann

hole jener aus seinem beliebig erdachten Begriff auch das
Prädikat der Realität oder Existenz heraus, wie man ja aus
jedem Begriffe seine wesentlichen Prädikate mittelst lauter
analytischer Urteile herausziehen könne. Und dann soll damit bewiesen sein, dass ein dem Begriff entsprechender
Gegenstand, unabhängig von demselben, in der Wirklichkeit
existiere. Und diese „allerliebste Schnurre" thut dann
Schopenhauer ab mit den einfachen Worten: „Es kommt
alles darauf an, wo du deinen Begriff her hast; ist er aus
der Erfahrung geschöpft, à la bonne heure, da existiert sein
Gegenstand und bedarf keines weiteren Beweises: ist er hin-
gegen in deinem eigenen sinciput ausgeheckt, da helfen ihm
alle seine Prädikate nichts, er ist eben ein Hirngespinst". —

Diese Schopenhauersche Kritik enthält im wesentlichen das Kantsche Argument.

V. Rückblick.

Anselm hatte in seinem Monologium zuerst die kosmologischen Beweise für das Dasein Gottes erbracht. Er sah die Schwächen derselben ein und fügte denselben im Proslogium den ontologischen Beweis bei.

Thomas nahm den kosmologischen und ontologischen Beweis des Anselm auf und suchte diese Beweise mit aristotelischen Argumenten zu ergänzen und zu stützen. Neu ist bei Thomas der teleologische Beweis.

Die spätere Scholastik weist die Beweise für das Dasein Gottes aus dem Gebiete ihrer Spekulation; auch Humanismus und Renaissance verhalten sich ablehnend gegen dieselben.

Descartes macht den ontologischen Beweis zum Mittelpunkt seines Systems und sucht denselben durch seine Anthropologie zu stützen. Der teleologische Beweis bleibt bei Descartes unberücksichtigt.

Litteratur.

Bei vorliegender Arbeit sind benützt worden:

1. Sancti Anselmi Cantuariensis Monologium et Proslogium nec non liber pro insipiente cum libro apologetico. Tübinger Ausgabe 1863.
2. Renati Descartes Opera philosophica editio quarta. Amsterdamer Ausgabe 1670.
3. René Descartes philosophische Werke, übersetzt von J. H. von Kirchmann. Berlin 1870.
4. Betrachtungen über die Grundlagen der Philosophie von René Descartes, übersetzt von Dr. Ludwig Fischer (Reclam).
5. Geschichte der neueren Philophie von K. Fischer. Jubi_läumsausgabe. I. Descartes. Heidelberg 1897.
6. Friedrich Überwegs Grundriss der Geschichte der Philosophie der Neuzeit, 8. Auflage, bearbeitet und herausgegeben von Dr. Max Heinze. Berlin 1896.
7. Kritik der reinen Vernunft von Immanuel Kant. Text der Ausgabe 1781, herausgegeben von Dr. Karl Kehrbach. 2. Auflage. Leipzig bei Reclam.
8. Divi Thomae Aquinatis Doctoris Angelici Tomus nonus, summam catholicae fidei contra gentiles complectens. Antwerpen. Ausgabe 9 aus dem Jahre 1612.

Lebenslauf.

Ich, Enno Hinrich Budde, ev.-luth. Pastor zu Schnega, bin geboren am 25. Januar 1862 zu Asel in Ostfriesland als Sohn des ev.-luth. Pastors Enno Budde und der Emma Margarethe, geb. Dippel. Meine Gymnasialbildung erhielt ich auf dem Gymnasium zu Aurich und Norden. Von Ostern 1882 bis dahin 1883 habe ich in Halle und von Ostern 1883 bis zum Herbst 1885 in Erlangen Theologie studiert. Nachdem ich im Herbst 1885 das examen pro lic. conc. und im Herbst 1887 das examen pro min. in Hannover bestanden, wurde ich im Januar 1888 zum Pastor in Jheringsfehn und im Dezember 1889 zum Pastor in Schnega (Hannover) ernannt. Dort stehe ich bis jetzt im geistlichen Amte.

Enno Budde.